F. R. MARTIN-GUELLIOT

—

COLLECTION

DE

POUPÉES EN COSTUMES POPULAIRES

—

1909

—

PARIS VI

99, BOULEVARD RASPAIL, 99

COLLECTION

DE

POUPÉES EN COSTUMES POPULAIRES

Cliché Marcel Destousseaux, amateur.

I. Normandie (A. I. 15), Bretagne (A. III. 2), Bourgogne (A. V. 4), Poitou (A. VI. 9), Campanie (B. II. 5).

II. Vierlande (C. I. 6), Forêt-Noire (C. II. 8), Tyrol (C. IV. 7), Saint-Gall (C. V. 15), Pays de Galles (D. I. 7).

III. Flandre (D. II. 10), Danemark (D. III. 4), Grande-Russie (E. I. 4), Moravie, couple (E. II. 14-15).

IV. Transylvanie (E. III. 15), Cicatie, couple (E. IV. 8-9), Colonie du Cap (F. I. 9), Mexique (F. V. 7).

F. R. MARTIN-GUELLIOT

COLLECTION

DE

POUPÉES EN COSTUMES POPULAIRES

—

1909

PARIS VI

99, BOULEVARD RASPAIL, 99

INTRODUCTION

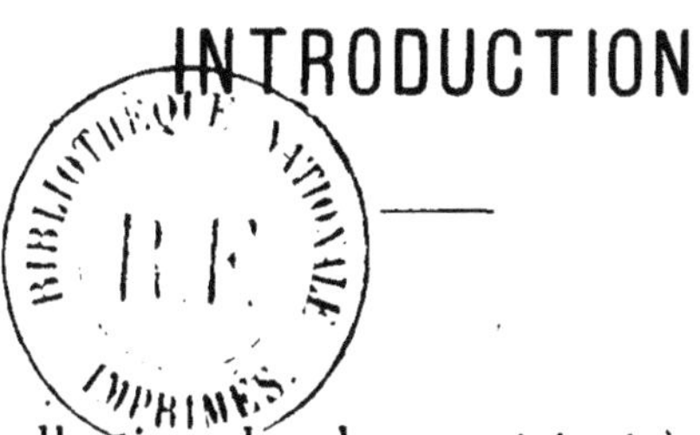

Notre collection cherche avant tout à donner une idée du costume populaire.

Le costume populaire se distingue à la fois du costume soumis aux caprices de la mode, comme l'est en général celui des classes aisées et de ceux qui, établis par une tradition depuis longtemps figée, sont maintenus, avec ou sans modifications, par une réglementation positive, comme les habits religieux et les uniformes militaires. Il se forme et évolue sous l'action de causes moins conscientes peut-être, mais aussi plus profondes et moins arbitraires, dont certaines ne sont pas sans analogie avec celles qui président à l'évolution des formes vivantes.

Ce sont, entre autres, l'influence des conditions physiques de l'existence, celle des occupations quotidiennes, souvent étroitement liée à la précédente — le voisinage de la mer donnant lieu par exemple à l'industrie du sel et à celle de la pêche et un habitat montagnard à la pratique de la chasse, — enfin le goût particulier de chaque race pour certaines formes et certaines couleurs.

C'est ainsi, à ce dernier point de vue, qu'un air de famille indéniable se retrouve dans tous les costumes slaves, qu'ils soient portés par une Petite-Russienne de l'Ukraine, une Hanaque de Moravie ou une Croate des confins de la Bosnie (E. I, II, IV)* — air de famille ne

---

* Les indications entre parenthèses renvoient au catalogue.

se confondant pas du reste avec la prédilection commune
à tous les peuples du Nord, Écossais, Scandinaves ou
Russes, pour les couleurs voyantes (D. I, III, E. I). On
peut remarquer de même le goût des Françaises de
l'Ouest, Normandes, Bretonnes ou Poitevines, pour les
coiffes de lingerie (A. I, III, VI) ou celui des Allemandes
pour les étoffes sombres à fleurs bariolées portées à l'em-
bouchure de l'Elbe comme dans le Jura de Souabe (C. I, II).
D'ailleurs le souci de l'ornement, si éloigné cependant des préoccupations matérielles de l'existence, se
présente plus caractérisé et plus développé peut-être
chez les peuples les plus étrangers à notre civilisation (F. I, 9).

Cette puissante influence de la race qui contribuerait à
uniformiser les costumes sur une vaste surface est com-
battue par l'esprit de patriotisme local, de *clannishness*,
qui s'efforce chez les moindres unités ethniques de faire
ressortir les détails de costume qui les différencient des
unités voisines.

L'esprit de tradition, d'attachement au passé, si tenace
dans les populations des campagnes, tend de son côté à
fixer les particularités de toute sorte introduites pour
l'utilité ou la parure par les influences précédentes, et cet
élément de fixité et d'autorité traditionnelle, joint à l'action
constante de toutes ces causes et à l'action locale de
quelques-unes d'entre elles, contribue à donner au
costume proprement ethnographique son triple carac
tère :

1° Il est *local*, c'est-à-dire circonscrit dans une certaine
région. Cette région, en général analogue à la province
française, est parfois plus restreinte, ne comprenant par
exemple en Bretagne qu'une commune, en Tyrol ou dans
la Forêt-Noire qu'une vallée, en Dalécarlie qu'un *socken*
ou paroisse ; souvent, comme l'a établi M. H. Gélin pour
le Poitou « la circonscription ethnique où l'on porte le

« même costume est aussi celle où on parle un patois
« identique » (*).

2° Il est *uniforme*, c'est-à-dire qu'il varie peu chez les
différents individus dans une région ainsi déterminée ou,
pour les pays assez rares où coexistent des races diverses,
comme certaines parties de la monarchie Austro-Hon-
groise et l'Afrique du Nord, à l'intérieur d'un groupe
ethnique assimilable à une aire géographique.

3° Il est *constant* ou ne change que peu et lentement et
présente de nombreuses survivances, effets permanents
de causes depuis longtemps disparues. C'est ainsi qu'on
croit que « les grossiers manteaux en peau de mouton et
« les gilets de laine ajustés des Bulgares témoignent en-
« core, parmi la vigne et l'olivier, du berceau glacial de
« leur race dans l'Asie Centrale » (**).

Sans doute, à l'époque actuelle et surtout dans les pays
de civilisation urbaine très avancée, en France en particulier où l'influence de la capitale est plus grande que
partout ailleurs, par suite aussi de la substitution de plus
en plus complète de la fabrication industrielle au travail
domestique, le costume traditionnel tend à perdre ces
caractères, si même il ne disparaît tout entier. Mais là où
il vaut encore la peine d'être étudié, là aussi où, avec
quelques recherches, on peut déterminer ce qu'il était
autrefois, c'est bien par ces caractères qu'il s'oppose
nettement à tout ce qui obéit à la mode.

La mode, en effet, change avec rapidité ; tout l'y pousse :
le commerçant qui cherche à multiplier son débit et le
client qui veut à tout prix se distinguer par une inces-
sante nouveauté. Elle admet d'autre part plus de variété
à l'intérieur du type général qu'elle prescrit, ou du moins

(*) Article sur les Patois *in* La Tradition en Poitou et Charentes.
Paris-Niort, 1897.

(**) E. A. Ross. *Social Psychology*. New-York, 1908.

elle sait donner à ses sujets cette illusion d'indépendance.
Enfin elle s'étend sur le domaine tout entier de la civilisation occidentale : Paris fait la loi à la mode féminine
et Londres à la fashion masculine de Valparaiso à Tiflis et
même à Tokio (*).

Il convient d'ajouter que, malgré ces oppositions, le
costume populaire et la mode ont toujours pratiqué des
échanges. Pour n'en citer qu'un exemple, la coiffure si
originale portée jusqu'à ces derniers temps par les
paysannes de la Bresse (A. V) a été au xvie siècle la « der-
nière mode » dans toutes les grandes villes de la monarchie de Philippe II, en Espagne et dans les Flandres
comme en Franche-Comté.

*
* *

Tandis que les variations de la mode, ainsi du reste
que celles des uniformes, se rattachent à l'histoire, l'étude
du costume populaire, plus continu, plus enraciné dans
la nature, prend place en ethnographie et c'est à ce
dernier point de vue, ainsi que nous l'avons indiqué au
début, que voudrait se placer notre collection.

Deux exceptions, d'ailleurs très rudimentaires, sont
toutefois constituées, l'une par quelques spécimens de
la mode parisienne (Supp. a), l'autre par les costumes
réglementaires de quelques ordres religieux de femmes
(Supp. b). Ces deux sections que nous n'augmentons
qu'accidentellement renferment une vingtaine de poupées.

Notre collection proprement dite, commencée en 1901
par Mlles Françoise et Antoinette Guelliot, comprend
actuellement environ 350 poupées revêtues de costumes
populaires de France, d'Europe et de quelques pays
d'outre-mer ; leur hauteur moyenne est de 35 centimètres.

(*) Cf. F. Wred. *Psychologie der Mode.* Berlin, s. d.

L'habillement provient toujours en principe du pays
où le costume est porté. Un grand nombre de poupées
ont été habillées pour nous soit par les soins de personnes
particulièrement compétentes ou de sociétés locales, soit
par des ouvrières, lingères ou couturières faisant pour
nous des réductions de leurs travaux ordinaires. Les
poupées achetées tout habillées dans les magasins sont en
général moins satisfaisantes ; nous avons cependant
trouvé dans ces conditions à Innsbruck une bonne collection de costumes tyroliens (C. IV).

Quelques poupées de notre collection y figurent moins
pour le costume qu'elles reproduisent qu'en leur qualité
de *jouets*. Il était naturel, la poupée-jouet nous ayant
fourni un moyen unique de représenter le costume populaire, que nous lui fissions une petite place aussi à titre
de jouet.

Le jouet populaire pourrait d'ailleurs à lui seul faire
l'objet d'une collection spéciale, comme aussi, parmi
mille autres choses, en se rapprochant du costume, les
bijoux, les chaussures, les coiffures surtout, derniers
vestiges dans mainte province française du costume traditionnel, en s'en éloignant, les instruments de musique, de
ménage, de métiers, les véhicules et les modes d'attelage.

Si les particuliers peuvent ainsi se spécialiser de bien
des façons, c'est aux musées régionaux et nationaux qu'il
appartient de présenter des ensembles ethnographiques
complets. Quelques tentatives intéressantes dans ce sens
ont été faites dans certaines provinces françaises, — en
Bretagne, en Poitou, en Champagne, en Provence par
exemple, — mais il est permis de souhaiter que la France
ait un jour un musée ethnographique rendant aussi bien
compte de l'harmonieuse diversité de ses provinces que
le fait le remarquable Musée Germanique de Nuremberg
pour les pays de langue allemande ou le Musée du Nord
à Stockholm pour les pays scandinaves.

R. M. G.

Janvier 1909.

— 5 —

CATALOGUE

Sommaire et Répartition Numérique

Janvier 1909.

Chacune des régions désignées par les chiffres romains a été déterminée de façon à être assez homogène pour qu'on pût y ranger les poupées dans l'ordre chronologique d'arrivée sans s'exposer à des rapprochements trop contraires à la vraisemblance.

A

FRANCE

Flandre. Artois. Picardie. Normandie.

———

1. **Normandie.** Paysanne des environs du Havre. *Don de M. et Mme A. Renard* (*).

2. — Femme de Honfleur.

3. — Paysanne de la région de Coutances. *Don de Mlle Y. Gallien.*

4-8. **Picardie.** Groupe d'un pêcheur et de quatre pêcheuses de Boulogne-sur-Mer. *Don de Mme L. de Tassigny.*

9. — Hortillonne de la banlieue d'Amiens. *Don de M. P. Dubois.*

10. **Normandie.** Pêcheuse de Dives (Calvados).

11. — Paysan de la Basse-Normandie.

12. — Femme portant la coiffe dite « le Papillon d'Avranches ».

13. — Femme du Tréport.

14. — Femme du Pays de Caux.

15. — Femme portant la coiffe dite « la Bourgogne ».

16. — Paysanne des environs de Caen.

(*) M. et Mme A. Renard ayant donné un nombre considérable de poupées, leur nom ne sera pas répété dans le catalogue.

Ile-de-France. Champagne. Lorraine. Alsace.

———

1 (*). **Champagne**. Vigneronne d'Hermonville (Marne).

2. **Lorraine**. Paysanne de Girancourt (Vosges).

3. **Alsace**. Paysanne de la région de Strasbourg.

4. — Jeune garçon. *Don de Mlle Mique*.

5. **Lorraine**. Paysanne du Pays Messin.

(*) Une poupée habillée sur le modèle de celle-ci figure à la Section d'Ethnographie Champenoise du Musée de Reims.

Bretagne.

——

1. **Bretagne.** Homme de Quimper. *Don de M. et M*^{me} *O. Guelliot* (*).

2. — Femme de Quimper, poupée et costume anciens.

3. — Mariée de Fouesnant (Finistère). *Don de M*^{lle} *R. Hache.*

4. — Enfant de Quimper. *Don de M*^{me} *L. Desrousseaux.*

5. — Jeune fille de Laillé (Ille-et-Vilaine). *Don de M*^{me} *M. Renard.*

6. — Paysanne d'Audierne (Finistère).

7. — Paysanne de Châteauneuf-du-Faou (Finistère).

8. — Bigoudenne de Pont-l'Abbé (Finistère).

9. — Paysanne du Folgoët (Finistère).

10. — Paysanne de Plougastel-Daoulas (Finistère).

(*) M. et Mme O. Guelliot ayant donné un nombre considérable de poupées, leur nom ne sera pas répété dans le catalogue.

Maine. Anjou. Touraine. Orléanais. Berry.

1. **Maine**. Paysanne de Bougon (Mayenne).

2. **Berry**. Paysanne de la région d'Aigurande (Indre). *Don de M. et Mme Pelletier des Bouchards.*

3. **Anjou**. Fermière des Ponts-de-Cé (Maine-et-Loire) en costume du dimanche.

4. — Paysanne des Ponts-de-Cé (Maine-et-Loire).

Nivernais. Bourgogne. Franche-Comté.

1. **Bourgogne.** Paysan de la Bresse.

2. — Bourgeoise bressane du milieu du XIXe siècle.

3. — Paysanne de la Bresse.

4. — Paysanne du Mâconnais.

Poitou. Aunis. Saintonge. Angoumois.

1. **Aunis.** Paysanne de l'Ile d'Oléron portant la coiffe dite « le Ballon ».

2. **Poitou.** Paysanne de la région d'Airvault (Deux-Sèvres) portant la coiffe dite « la Bergère ». *Don de M. G. Martin.*

3. — Femme des Sables-d'Olonne. *Don de Mme F. Wenz.*

4. — Femme de Menigoute (Deux-Sèvres) en costume de fête portant la coiffe dite « la Malvina ».

5. — Poupon attaché sur la « carriole » ou « cabernotte » en usage dans la Gâtine.

6. **Aunis.** Paysanne de l'Ile de Ré en costume de fête.

7. — Paysanne de l'Ile de Ré en costume de travail.

8. **Poitou.** Couturière ou « grisette » d'Airvault (Deux-Sèvres).

9. — Paysanne de la région d'Airvault (Deux-Sèvres) portant la coiffe dite « la Caline ».

10. — Femme de Parthenay en costume de deuil.

11. — Couturière ou « grisette » de Niort.

12. — Paysanne de la Crèche (Deux-Sèvres).

13. — Paysanne de la Mothe-Sainte-Héraye (Deux-Sèvres).

14-16. **Poitou**. Famille de paysans de la région de Celles-sur-
Belles (Deux-Sèvres) en costume du milieu du
XIXᵉ siècle, la femme et la petite fille portant le
béguin pélebois.

17.   —   Enfant coiffé d'un béguin pélebois et attaché à un
« virounou ».

18. **Saintonge**. Paysanne de la région de Beauvoir (Deux-
Sèvres).

Limousin. Marche.

---

1. Limousin.   Femme en costume ancien. *Don de Mme Guelliot-Périnet.*

2. —   Paysanne de Seilhac (Corrèze).

3. Marche.   Paysanne de Lourdoueix-Saint-Pierre (Creuse). *Don de M. et Mme Pelletier des Bouchards.*

4. Limousin   Paysanne des environs de Limoges portant la coiffe dite « barbichet ».

Bourbonnais. Auvergne. Lyonnais.

———

1-2. **Auvergne.** Couple de paysans de la Bourboule. Don de *Mme G. Hine.*

3. — Paysanne du Mont-Dore. *Don de Mlle R. Hache.*

4. **Bourbonnais.** Baigneuse de Vichy du milieu du xixe siècle. *Don de Mme L. Desrousseaux.*

5. — Paysanne des environs de Vichy.

6. **Auvergne.** Paysanne de Châtelguyon. *Don de Mme M. Renard.*

7. — Paysan de Royat en costume de fête.

8. — Paysanne de Royat.

9. — Femme de Vic-sur-Cère (Cantal).

10. — Paysanne de Pontgibaud (Puy-de-Dôme), en costume ancien, portant la cornette.

Guyenne. Gascogne. Béarn. Languedoc. Foix. Roussillon.

———

1. **Béarn.** Guide des environs de Pau. *Don de Mlle V. Aubert.*

2. — Paysanne de la Vallée d'Ossau. *Don de Mlle V. Aubert.*

3. **Languedoc.** Bourgeoise Cévenole du commencement du XIXe siècle, habillée d'étoffes anciennes.

4. **Guyenne.** Enfant au berceau du Haut-Quercy.

5. — Paysanne périgourdine.

6. **Béarn.** Montagnard. *Don de M. et Mme M. Renard.*

7. **Languedoc.** Dentellière du Puy-en-Velay.

8. **Béarn.** Femme mariée des environs de Pau.

9. — Jeune fille des environs de Pau.

10. **Guyenne.** Parqueuse d'huîtres d'Arcachon.

Dauphiné. Savoie. Provence. Nice. Corse.

1. **Savoie**. Paysanne des environs de Moutiers en Tarentaise.

2. **Nice**. Jeune fille de Nice.

3. **Provence**. Jeune fille d'Arles.

4. **Savoie**. Paysanne de Bourg-Saint-Maurice en Tarentaise.

B

EUROPE MÉRIDIONALE

Espagne et Portugal

1. **Espagne.** Toréador.

2-3. **Madère.** Couple de Madéritains, poupées du pays. *Don de M. M. Henriot.*

Italie

———

1.	**Piémont.**	Paysanne.
2.	**Toscane.**	Paysanne.
3-4.	**Campagne romaine.**	Couple de paysans.
5.	**Campanie.**	Napolitaine.
6 (*).	**Basilicate.**	Mariée de Pisticci (province de Potenza).

(*) Une poupée semblable à celle-ci et exécutée comme elle par les religieuses du couvent de Piantanuova à Salerne figure dans les collections de S. M. le roi d'Italie.

C

EUROPE CENTRALE

Allemagne du Nord

1. **Westphalie**. Femme de Bückeburg (Schaumbourg-Lippe).

2. **Thuringe**. Femme d'Altenburg (Saxe-Altenbourg).

3-4. **Hesse**. Couple de paysans de la Hesse Electorale.

5. **Silésie**. Paysanne des environs de Breslau allant au marché.

6. **Vierlande**. Maraîchère de Bergedorf allant au marché de Hambourg.

7. **Brandebourg**. Femme de la Forêt de la Sprée.

8. **Thuringe**. Mariée d'Altenburg (Saxe-Altenbourg).

9. — Femme de Hopfgarten (Saxe-Weimar), en manteau d'église.

10. — Femme de Hopfgarten (Saxe-Weimar), en costume de fête.

11. — Femme de Berka (Saxe-Weimar).

12. — Femme de Cabarz (Saxe-Weimar).

13. — Femme de Friedrichroda (Saxe-Weimar).

14. — Femme de Salzungen (Saxe-Weimar).

15. — Femme de Hildburghausen (Saxe-Meiningen).

Allemagne du Sud

---

1. **Franconie.** Paysanne des environs de Nuremberg.

2. **Souabe.** Paysanne des environs d'Augsbourg.

3. **Haute-Bavière.** Bourgeoise de Munich du milieu du XIXe siècle.

4. — Münchner Kindl, ou moine de Munich, armes parlantes de la ville.

5. — Couple de danseurs, statuette.

6. **Forêt-Noire.** Paysanne de Gutach.

7. — Paysanne de Schonach.

8. — Paysanne de l'Elztal avec ses trois coiffures. *Don de M. J. Martin.*

9. **Haute-Bavière.** Femme de Munich, portant la coiffure dite « Riegelhaube ». *Don de M. A. Martin.*

10. — Femme de Dachau.

11. — Salinier de Berchtesgaden, figurine en bois.

Autriche allemande *(moins le Tyrol)*

1. **Salzbourg.** Paysanne des environs de Salzbourg.

2-3. **Haute-Autriche.** Couple de paysans d'Ischl.

4. — Mariée d'Ischl.

5. **Styrie.** Arbre de Mai et couple de paysans des environs de Graz.

6-7. — Cavalier et enfant au berceau, jouets en bois.

8. — Paysanne agenouillée devant un crucifix de montagne, figurine en cire.

Tyrol

—

1. **Tyrol**. Jeune fille de Spinges.

2. — Paysanne d'Alpach.

3. — Paysanne de la vallée inférieure de l'Inn.

4. — Paysanne du Zillertal.

5. — Femme de Meran en costume ancien.

6. — Paysanne du Brenner.

7. — Paysanne du Wipptal.

8. — Paysan de Kastelruth.

9. — Jeune homme de Meran.

10. — Conducteur de noce.

11. — Paysanne agenouillée devant un Marterl.

12. — Couple de paysans du Stubaital, devant une fontaine de Saint-Jean-Népomucène, figurine en bois.

Suisse

___

1.	**Uri.**	Paysanne.
2.	**Unterwalden.**	Paysanne du Nidwalden.
3-4.	**Schwiz.**	Paysannes.
5.	**Lucerne.**	Paysanne.
6.	**Zurich.**	Bourgeois du xviiiᵉ siècle.
7.	—	Paysanne.
8.	**Berne.**	Paysanne de l'Oberland. *Don de Mˡˡᵉ J. Bourguin.*
9.	—	Jeune montagnard.
10.	—	Vacher.
11-12.	**Fribourg.**	Paysannes.
13-14.	**Appenzell.**	Paysannes.
15.	**Saint-Gall.**	Paysanne avec la coiffure dorée des femmes mariées et la coiffure argentée des jeunes filles.
16-17.	**Grisons.**	Couple de paysans romanches.
18.	**Tessin.**	Paysanne.
19.	—	Femme de Lugano.
20.	**Vaud.**	Paysanne.
21.	**Valais.**	Femme de Champéry, figurine en bois.

D

EUROPE SEPTENTRIONALE

Iles Britanniques

1-2.	**Ecosse.**	Highlanders.
3.	—	« The Old Dwarf of London », marion-nette représentant un highlander.
4.	**Angleterre.**	« Miss Prim », type de vieille fille.
5.	—	Caricature de suffragette, 1908.
6.	—	Nurse.
7.	**Pays de Galles.**	Paysanne portant la coiffure dite « Steeple Crown ».
8-9.	**Irlande.**	Couple de paysans.
10 (*)	—	Paysanne de Connemara.
11 (*)	—	Bateau portant trois paysannes.
12 (*)	—	Chaumière et voiture à tourbe.
13 (*)	—	« Jaunting car », cabriolet conduit par un paysan.
14.	**Angleterre.**	Clergyman anglican portant le bonnet de *Master of Arts* de l'Université d'Oxford. *Don des Misses Smith.*

(*) Les n°s 10-13 ont été exposés au Village Irlandais de l'Exposition Franco-Britannique, Londres, 1908.

Belgique et Pays-Bas

1.	**Flandre.**	Béguine de Bruges.
2.	**Zélande.**	Femme de Middelbourg.
3.	**Hollande.**	Orpheline d'Amsterdam.
4.	—	Femme de l'île de Marken.
5.	**Luxembourg.**	Enfant au maillot.
6.	**Hollande.**	Vieux marin.
7.	—	Jeune fille de Scheveningen.
8.	—	Jeune garçon des bords du Zuiderzee.
9.	**Frise.**	Riche fermière.
10.	**Flandre.**	Laitière d'Ostende.
11.	—	Marchande de poissons de Blankenberghe.
12.	—	Paysanne du nord de la Flandre-Occidentale.
13.	—	Femme d'Eecloo.
14.	—	Fileuse de Gand.
15.	**Brabant.**	Laitière de Bruxelles.
16.	**Anvers.**	Laitière d'Anvers.
17.	**Liége.**	Botteresse de Liége.

18.	**Liége**.	Femme de Spa.
19.	**Luxembourg belge.**	Paysanne ardennaise.
20-21.	**Hollande**.	Couple d'Edam.
22.	—	Homme de Marken.

Pays Scandinaves

1. **Suède.**   Paysanne d'Osteraker (Sudermanie).

2. —   Paysanne de Ratovik (Dalécarlie). *Don de M. P. Courtois.*

3. **Norvège.**   Paysanne sur ses skis. *Don de M. et Mme A. Henrot.*

4. **Danemark.**   Paysanne de l'ile de Fanö.

5. **Suède.**   Homme de Laponie.

6 (*) —   Petite fille de Gagnef (Dalécarlie).

7 (*) —   Petite fille de Leksand (Dalécarlie).

8 (*) —   Petite fille de Vingaker (Sudermanie).

9. **Islande.**   Femme en costume de travail

(*) Les n°s 6-8 ont été choisis par Mlle Louise Hagberg, adjointe au Musée Ethnographique Scandinave, Nordiska Museet, Stockholm.

E

EUROPE ORIENTALE

Russie

———

1.	**Russie-Blanche.**	Homme du gouvernement de Mohilev.
2 (*)	**Grande-Russie.**	Femme du gouvernem^t de Kostroma.
3.	—	Attelage conduit par un paysan, jouet du pays en bois sculpté.
4.	—	Femme du gouvernement de Toula.
5.	—	Poupée en mousse et pommes de pin exécutée par des paysans.
6.	—	Femme du gouvernement de Koursk.
7-8 (**)	—	Femmes du gouvernement d'Arkhangelsk.
9.	—	Femme du gouvernem^t de Novgorod.
10.	—	Femme du gouvernem^t de Pskov.
11.	—	Femme du gouvernement de Tver.
12.	—	Femme du gouvernement de Vladimir.
13.	—	Femme du gouvernement de Kalouga.
14.	—	Femme du gouvernem^t de Smolensk.
15-16.	—	Femmes du gouvernement d'Orel.
17.	—	Femme du gouvernement de Penza.
18.	—	Femme Mordve du gouv^t de Penza.
19.	—	Femme du gouvernement de Tambov.
20-21.	—	Femmes Mordves du gouv^t de Tambov.
22.	—	Pèlerin.
23.	—	Nourrice.

(*) Les n°s 2 et 3 ont figuré à l'Exposition Universelle de Reims, 1903.

(**) Les n°s 7-38 proviennent du Musée de Koustaris du gouvernement de Moscou.

5

24.	**Provinces Baltiques**.	Femme du gouvernement de Courlande.
25.	—	Femme du gouvernem^t de Livonie.
26.	**Podolie.**	Femme du gouvernem^t de Kamenets.
27.	**Petite-Russie.**	Femme du gouvernement de Poltava (Ukraine).
28.	—	Femme du gouvernement de Kharkov (Ukraine).
29.	**Russie-Méridionale.**	Femme du gouvernem^t de Bessarabie.
30.	—	Femme Tartare.
31.	**Russie-Orientale.**	Femme du gouvernem^t de Simbirsk.
32.	—	Femme Mordve du gouvernement de Saratov.
33.	—	Femme du gouvernement de Samara.
34.	—	Femme du gouvernement de Kazan.
35.	—	Femme du gouvernement de Viatka.
36.	—	Femme Cosaque de l'Oural.
37.	**Caucase.**	Circassien.
38.	—	Arménienne.
39 (*)	**Sibérie.**	Attelage de renne conduit par une famille de Tchoutchques ou Esquimaux de Sibérie.
40.	**Grande-Russie.**	Arbre de Noël et personnage.

(*) Le n° 39 a figuré à l'Exposition Universelle de Milan, 1906.

Bohême et Pologne

| 1. | **Moravie.** | Femme hanaque, nourrice à Vienne. |

1.   **Moravie.**   Femme hanaque, nourrice à Vienne.

2-3.   —   Couple de paysans hanaques, poupées en tricot.

4-5.   **Bohême.**   Couple de paysans de la Forêt de Bohême.

6-7.   **Moravie.**   Couple de paysans slovaques.

8-11.   —   Couples de ferblantiers ambulants slovaques, figurines. *Don de M. O. Schaffer.*

12-13.   **Galicie.**   Couple de paysans polonais.

14-15 (*)   **Moravie.**   Couple de fiancés hanaques de la vallée de la Morava, entre Olmütz et Kremsier.

16.   **Bohême.**   Jeune fille des environs de Pilsen.

17.   **Bukovine.**   Paysanne ruthène.

18.   —   Paysanne roumaine.

19-20.   **Galicie.**   Couple de paysans des environs de Cracovie, en costume de fête.

(*) Les n°s 14 et 15, exécutés pour la collection par la *Zadruga*, Association pour le développement de l'industrie domestique dans le royaume de Bohême, ont figuré à l'Exposition Jubilaire de Prague, 1908.

Hongrie

—

1.	**Hongrie.**	Paysan du centre de la Hongrie en costume de fête.
2-3.	—	Couple de paysans du centre de la Hongrie.
4-5.	—	Couple de paysans, poupées en tricot.
6-7.	—	Couple de paysans, figurines.
8 (*)	—	Magnat en costume militaire, figurine.
9 (*)	—	Messager, figurine.
10 (*)	—	Riche paysan des environs de Szegedin, figurine.
11 (*)	—	Femme, figurine.
12 (*)	**Transylvanie.**	Femme portant un enfant, poupée en bois sculpté.
13 (*)	—	Enfant au maillot, poupée en bois sculpté.
14 (*)	—	Attelage avec deux poupées.

(*) Les nᵒˢ 8-14 ont figuré à l'Exposition Hongroise de Earl's Court, Londres, 1908 ; les nᵒˢ 12-14 ont été sculptés et habillés par les enfants de la maison de correction de Kolozsvar.

Pays slaves du Sud et Balkans

---

1.   **Grèce.**   Femme du Pirée.

2.   **Roumanie.**   Femme moldave.

3-4.   **Bulgarie.**   Paysannes rouméliotes.

5-6.   **Croatie.**   Couple de paysans, figurines.

7.   **Dalmatie.**   Femme de l'île de Veglia, golfe de Quarnero, figurine.

8-9(*).   **Croatie.**   Couple de paysans de la région de Kriz.

10-11(*).   —   Couple de paysans de la région de Sunja.

12-13(*).   —   Couple de paysans de la région de Lika.

(*) Les nᵒˢ 8-13 ont été exécutés pour la collection par les soins du représentant commercial du Gouvernement Royal de Croatie, d'Esclavonie et de Dalmatie pour le développement de l'industrie domestique.

F

PAYS EXTRA-EUROPÉENS

Afrique

—

1.	**Algérie**.	Groupe de huit Musulmans en prière, figurines en plâtre. *Don de Mme H. Bourgeois.*
2.	—	Femme mauresque en costume de sortie. *Don de Mme H. Bourgeois.*
3.	**Tunisie**.	Juive de Tunis. *Don de Mlle A. Bourgeois.*
4.	—	Femme arabe.
5.	—	Femme juive.
6.	—	Femme bédouine.
7.	—	Femme kabyle.
8.	**Algérie**.	Homme arabe. *Don de Mme H. Bourgeois.*
9.	**Colonie du Cap**.	Femme cafre.
10.	**Tunisie**	Jeune garçon.

Asie, *moins l'Extrême-Orient.* Océanie.

———

1-2.	**Turquie.**	Couple en costumes de fête.
3.	**Palestine.**	Porteuse d'eau de Nazareth.
4.	—	Femme de Bethléem.
5-6.	**Hindoustan.**	Couple hindou.
7-10 (*).	—	Types de l'Hindoustan septentrional, figurines.
11 (*).	—	Poupée en chiffons.
12 (*).	**Ceylan.**	Voiture traînée par un buffle.
13.	**Malaisie.**	Marionnette.
14 (**).	**Hindoustan.**	Porteuse d'eau, figurine.
15 (**).	—	Vieillard, figurine.
16 (**).	—	Femme portant un enfant, figurine.

(*) Les n°s 7-12 ont figuré à l'Exposition : *The Orient in London*, Londres, 1908.

(**) Les n°s 14-16 étaient exposés par le Gouvernement des Indes à l'Exposition Franco-Britannique, Londres, 1908.

Extrême-Orient

——

1(*).   **Chine**.   Attelage conduit par un couple chinois.

2(*).   —   Théâtre avec deux acteurs.

3(*).   —   Fauconnier, figurine.

4(*).   —   Porteur de riz, figurine.

5(*).   —   Fumeur d'opium, figurine.

6(*).   —   Mendiant, figurine.

7(*).   —   Acteur, figurine.

8(*).   —   Figurine en riz.

9-10 (*).   **Japon**.   Poupées du pays.

11-12.   —   Couple japonais.

13(**).   —   Bateau monté par deux musiciens.

14(**).   —   Mangeur de riz.

15(**).   —   Musicien.

16(**).   —   Voiture montée par un musicien.

(*) Les nos 1-10 ont figuré à l'Exposition : *The Orient in London*, Londres, 1908.

(**) Les nos 13-16 sont des jouets mécaniques en bois sculpté originaires de Kobe.

Amérique

———

1-2. **Colombie Britannique**. Couple d'indigènes, poupées du pays.

3.   **Etats-Unis**.   Peau-Rouge du Wisconsin. *Don de M. H. Schultz.*

4.   —   Indienne du Wisconsin. *Don de M. H. Schultz.*

5.   —   Poupée à transformation. *Don de M. H. Schultz.*

6.   **Mexique**.   Poupée du pays. *Don de Mme de Luna.*

7.   —   Indienne allaitant son enfant, figurine. *Don de Mme de Luna.*

8.   —   Indien recueillant la miellée, figurine. *Don de Mme de Luna.*

9.   —   Marchande en plein vent, figurine. *Don de Mme de Luna.*

10.   **Martinique**.   Femme créole de Fort-de-France.

SUPPLÉMENTS

Modes parisiennes

———

1.   Poupée de 1855 portant le costume de l'époque.

2 (*).   Silhouette parisienne, 1903.

3 (*).   —   1905.

4 (*).   Silhouette de Sarah Bernhardt, 1905.

5 (*).   Silhouette parisienne, 1908.

6 (*).   —   hiver 1908-1909.

(*) Les silhouettes 2-6 sont des figurines en cire et chiffons exécutées par Mmes Laffite-Désirat.

Costumes religieux

———

1. Bernardine cloîtrée. *Don de Mme E. Goulden.*

2. Saint-Joseph de Bourg-en-Bresse.

3. Croix de Jésus.

4. Saint-Joseph d'Estaing.

5. Sainte-Ursule de Tours.

6. Congrégation de Notre-Dame. *Don de Mme L. Duchange.*

7. Saint-Vincent-de-Paul. *Don de Mme L. Duchange.*

8. Dominicaine. *Don de Mlle V. Aubert.*

9. Ursule de Lignac. *Don de Mlle V. Aubert.*

10. Carmélite. *Don de Mme J. Moreau.*

11. Annonciation (Rome). *Don de Mgr de Georges.*

12. Immacolata (Rome). *Don de Mgr de Georges.*

13. Pénitence (Rome). *Don de Mgr de Georges.*

14. Verbe incarné (Rome). *Don de Mgr de Georges.*

15. Hôpital de Beaune. *Don de Mme E. Ledoux.*

LISTE DES DONATEURS

M. et Mme A. Renard, Reims.

M. le D^r et Mme O. Guelliot, Reims.

Mlle V. Aubert, Pau.

Mlle J. Bourguin, Reims.

Mlle R. Hache, Reims.

Mme G. Hinr, Jarnac.

Mme Guelliot-Périnet, Vouziers.

M. et Mme L. Desrousseaux, Paris.

M. et Mme M. Renard, Paris.

Mme E. Goulden, Gueux (Marne).

M. P. Dubois, Secrétaire des Rosati Picards, Amiens.

M. P. Courtois, Paris.

Mme H. Bourgeois, Alger.

Mlle A. Bourgeois, Alger.

M. le D^r et Mme A. Henrot, Reims.

Mlle Y. Gallien, Reims.

Mme L. d'A. de Tassigny, Reims.

M. H. C. Schultz, Président du Cosmopolitan Correspondence Club,
Milwaukee (E.-U.).

Mme L. Duchange, Reims.

M. M. Henriot, Reims.

M. G. Martin, Paris.

Mme la G**énérale de Luna**, Mexico.

Mme E. **Wenz**, Reims.

M. et Mme **Pelletier des Bouchards**, Paris.

Mme J. **Moreau**, Paris.

MM. A. et J. **Martin**, Paris.

Mgr **de Georges**, Protonotaire Apostolique, Neuilly-sur-Seine.

The Misses **Smith**, Trevone Bay (Angleterre).

Mlle **Mique**, Reims.

Mme E. **Ledoux**, Genlis (Côte-d'Or).

M. Otto **Schaffer**, Breslau.

Nous tenons à faire suivre la liste des donateurs de celle des personnes qui nous ont fourni des renseignements précieux, soit au sujet de l'ethnographie du costume, soit en vue de l'accroissement de notre collection.

Mlle Pikioni, Le Pirée (Grèce).

Mlle Voinesco, Jassy (Roumanie).

Mlle Roset, Brion (Ain).

Mlle de Lasserve, Issac (Dordogne)

M. F. Arnaud. Lang-Son (Tonkin).

M. le Dr F. Hettersdorf, Kemnath (Bavière).

M. G. Hazan, Tunis.

Mlle A. Benzan, Budapest.

M. B. Kandiba, Jitomir (Russie).

Mlle L. Hagberg, Adjointe au Nordiska Museet, Stockholm.

M. A. Hofmeister, Notaire I. et R., Bele u Bezdeze (Bohème).

M. M. Duvau, Paris.

M. W. Rath, Czernowitz (Bukovine).

Mlle L. Rose, Port-Alfred (Colonie du Cap).

M. A. Mocet de Chillois, Luzay (Deux-Sèvres).

Fräulein M. Lenk, Meissen (Saxe).

Mlle Cavarrot, Directrice d'école, Reims

M. J. Hébert, Freetown (Sierra-Leone).

Mme Goguel, Reims.

M. J. Reculon, Paris.

Miss Hobson, Londres.

M. Beckeers, Stendal (Saxe Prussienne).

M. L. Guédet, Notaire, Reims.

Mlle M. Mocquot, Saint-Florentin (Yonne).

M. O. Beddig, Hanovre.

IMPRIMÉ EN JANVIER 1909

PAR LA MAISON

MATOT-BRAINE

RUE DU CADRAN-SAINT-PIERRE, REIMS